AF245206

CAUSES SECRÈTES

De la *Non-Jonction* de l'*Ouest* avec le *Midi*, de la *Retraite du* Duc de Bourbon, des *Négociations* de *Fouché* sur les deux rives de la Loire, et de la *prétendue Indifférence* des *Vendéens*, des *Bretons*, des *Manceaux*, des *Angevins* et des *Normands* pour la cause du Roi.

Ceux qui, pendant plus de vingt ans, sacrifièrent tout pour les Bourbons, ne restèrent point neutres pour la cause dont *seuls* ils ne désespérèrent jamais. N'avaient-ils pas les mânes de leurs pères à apaiser; n'étaient-ils pas fiers de combattre sous un *Prince* intrépide qui avait à venger son Roi, sa Patrie, son Nom et son Fils ?
(*Campagnes de* 1815, inédites, art. *Vendée.*)

PAR R.-P. DE NAGONE.

———

Raconter les faits, même avec la plus exacte vérité, c'est faire une gazette et non écrire l'Histoire. On n'est historien qu'en montrant les *causes.* L'Europe connaît les résultats de l'inaction *apparente* de la *Vendée*, de la *Bretagne*, du *Maine*, de l'*Anjou* et de la *Normandie*; mais personne n'a expliqué par quelle fatalité la plus noire perfidie a rendu inutile la présence d'un Prince, digne de son nom, au milieu des hommes les plus éprouvés et sur le sol de la fidélité.

Voyons quelle a été la conduite de ces provinces pendant le second interrègne. Plus d'un écrivain s'est cru en droit de les juger. Ne s'est-on pas dit leurs admirateurs pour mieux les critiquer ? Malgré les louanges qu'on semble leur prodiguer, sous certains rapports, n'entrevoit-on pas dans le lointain les envieux secrets d'une gloire acquise par les plus grands sacrifices? L'Histoire, il faut l'espérer, mettra dans tout son jour les personnes et les choses dont on parle si diversement. Ceux qui tranchent connaissent-ils la terre classique de la fidélité? connaissent-ils les bons habitans qu'ils calomnient? les ont-ils suivis dans leur longue et glorieuse guerre? A la barre impartiale de la postérité, ils seront mieux jugés par toutes les factions qu'ils ont su combattre, que par leurs panégyristes, avec réticences.

La médiocrité qui voudrait flétrir le triple laurier des habitans de l'Ouest, se dit royaliste (1). Son insuffisance est blessée des éloges dus à de fidèles et loyaux Français qui ont sacrifié leurs vingt-quatre plus belles années, leur fortune, leur sang et celui des objets de leurs plus chères et de leurs plus légitimes offections à un Prince pour lequel ses lâches détracteurs n'ont agi que depuis la restauration, afin de se maintenir dans les emplois vendus à prix de crimes par l'usurpateur. Cette inconséquence s'explique : la magnanimité des uns est la censure de l'inertie des autres; la nullité, l'égoïsme et l'ignorance ne pardonnèrent jamais à quiconque aurait le droit de faire sentir sa supériorité.

Malgré l'esprit de parti, on rencontre des hommes moins injustes que les détracteurs prononcés de l'Ouest; ils disent qu'ils se font gloire de préconiser les chefs des anciennes cohortes royales : ils daignent avouer que « les amis de la liberté ont perdu, en trois » ans, plus d'hommes contre les Bretons, les Poite- » vins, les Normands, les Angevins, les Vendéens » et les Manceaux que contre la coalition de toutes » les têtes couronnées de l'Europe (2). »

On s'enthousiasme difficilement pour les contemporains ; les hommes qu'on ne réussira point à ternir,

(1) M. *Danti-de-Villeneuve* dit que « dans son délire jaloux, » elle imite le tournesol. »
(2) De l'Esprit de rapine introduit par les Vendéens et par les Chouans, p. 7.

méritent l'hommage qu'on voudrait pouvoir leur refuser ; à la postérité seule appartient de consacrer les noms du vertueux l'*Escure*, de l'intrépide *d'Elbée*, du brave *la Rochejaquelein* (1), du prince de *Talmont*, digne de ses ancêtres, de ce *Bonchamp*, dont le nom seul est le plus bel éloge, de *Cathelineau*, dans lequel tant de héros se glorifièrent d'avoir un chef (2). Que dire de *Stofflet*, qui eut l'origine et la destinée de l'illustre *Cathelineau ?* Les plus enragés républicains n'ont-ils pas proclamé *grand* ce *Charette*, toujours au-dessus de sa mauvaise et de sa bonne fortune ? Tous les revers ne purent lasser son courage : il préféra mourir l'épée à la main, et dédaigna un million et un passeport, à la condition de se rendre en Angleterre et de s'y fixer : il ne put se déterminer à quitter une province, devenue le dernier refuge de la *religion*, de la *morale* et du *royalisme.*

Non loin de ces chefs de la première coalition brillaient, du plus pur éclat, d'autres braves : ils semblent ne leur avoir survécu que pour périr dans l'intérêt d'une cause chérie, qui fut toujours celle de l'honneur.

Le sol qui, de l'aveu des adversaires, « fut si fécond » en héros, en vertus simples et pures et en mérite mo» deste, » est-il devenu stérile ? Des noms illustres *jadis* y ont acquis un nouvel éclat : on les trouve chaque fois qu'il s'agit d'un grand sacrifice, d'un acte de désintéressement et de valeur. Ces habitans de l'Ouest ontils dévié du sentier ouvert par leurs devanciers ? ontils été moins *preux* que leurs frères d'armes ? ont-ils laissé échapper une occasion de se montrer ? quels exemples n'ont-ils pas donnés à ceux qui, moins encouragés par les succès sur des plages étrangères, se sont honorés de se ranger sous leurs drapeaux ?

Si cependant il faut en croire les *on dit*, « les roya» listes de 1815 ne furent que l'ombre de ceux qui vi» rent périr *Frotté.* Leur gloire s'éclipsa en 1796 ; le

(1) Nous avons consacré un article à la valeur plus qu'humaine d'*Henri de la Rochejaquelein.*

(2) De simple ouvrier, ses qualités étonnantes le mirent à la tête d'une armée considérable ; il eut la mort des braves, sous les murs de Nantes.

» feu, qui les embrasait en 1795, ne jeta que de pâles
» lueurs : ils ne vécurent plus que sur leur réputation.
» Le 22 juin et le 17 juillet 1815, *Suzannet*, *Saint-Hu-*
» *bert* et tous leurs officiers réunis à Maisdon, refusè-
» rent de s'expliquer cathégoriquement sur leur projet
» de servir ou de ne pas servir *Louis XVIII* : ils re-
» prochaient à S. M. de n'avoir placé que des *Ja-*
» *cobins* et des *Buonapartistes*. Ces mécontens disaient
» que *la cour redoutait les brigands*, et qu'*elle ne crai-*
» *gnait rien d'hommes qui ont solennellement épousé la*
» *cause des Bourbons* (1). »

La réponse à ces calomnieuses inepties est dans les deux
pièces suivantes ; à peine furent-elles imprimées, que les
Vendéens les firent placarder dans la capitale même :

I. « Protestation des officiers de l'armée de *Suzan-*
» *net*, dès qu'ils apprirent que quelques généraux de
» la Vendée s'occupaient de traiter avec les ennemis
» du Roi.

» PROFONDÉMENT affligés de la nouvelle qui vient de
» nous parvenir, que quelques généraux et officiers
» supérieurs de l'armée vendéenne sont sur le point
» de se laisser tellement surprendre par les insinua-
» tions perfides des ennemis de l'autel et du trône,
» qu'ils oublieraient que notre souverain légitime,
» *Louis XVIII*, les a mis hors de la loi, en nous or-
» donnant de courir sur l'usurpateur et tous ses adhé-
» rens : comme il résulte de cette loi sacrée pour tous
» les Français fidèles, que tout pacte, tout accord
» contractés avec ce pouvoir monstrueux et illégitime,
» est criminel et déshonorant, sans l'assentiment du
» Roi, puisqu'il tendait à reconnaître un gouverne-
» ment qu'il a proscrit, et qui est, à juste titre, ab-
» horré de toute l'Europe, et qu'on ne peut faire au-
» cun traité ni convention avec lui, sans y adhérer,
» ou sans mentir à sa propre conscience ;

» NOUS *soussignés*, chefs de division, officiers supé-
» rieurs, ou quelconque, attachés à l'armée glorieuse,

(1) De l'Esprit de rapine introduit par les Vendéens et par
les Chouans, p. 13 et 14.

» et jusqu'ici sans tache de la Vendée, protestons ici et
» à jamais, au nom de tous les braves Vendéens, con-
» tre tout traité, pacte, accord, convention con-
» traires au serment que nous avons tous juré *tacite-*
» *ment* de ne déposer les armes qu'après la ruine en-
» tière du tyran et de ses fauteurs, et la restauration
» de notre auguste monarque *Louis XVIII*, le *Désiré*,
» ou, à son défaut, l'Héritier légitime ; regardant
» comme traîtres à Dieu, au Roi, à l'Honneur et à la
» Vendée, tous ceux qui se permettraient d'attaquer
» des bases aussi sacrées. C'est pourquoi nous conju-
» rons tous nos braves généraux et officiers supérieurs
» de l'armée de la Vendée de revenir de l'illusion
» fatale à sa gloire et à son honneur, où la perfidie,
» les artifices des traîtres à leur Roi et à leur ser-
» ment sont sur le point de les jeter, en les couvrant
» de honte et d'ignominie à la face de la France et de
» l'Europe entière. Nous ne pouvons mieux leur té-
» moigner notre attachement qu'en leur parlant avec
» cette franchise de l'honneur et de la loyauté.
» Au Loroux, le 26 juin 1815.
» *C.* de *la Barre;* le colonel *Bascher,* chevalier de
» Saint-Louis ; *Bascher* jeune, commandant en second
» la cavalerie ; *L. Bascher,* premier commissaire des
» guerres ; *Bascher ; J. Bascher ; Beaugrand ;* de
» *Martel,* chef de division ; le vicomte *Siochan-de-*
» *Kersabiec,* général commandant la cavalerie ; *L.* de
» *Cornulier,* du 3ᵉ corps d'armée, chef de division ;
» *Duris,* ancien capitaine de voltigeurs ; *A.* de *la Roche-*
» *Saint-André,* aide-de-camp du général *Suzannet; A.*
» de *Thouaré;* de *la Roussière; B.* de *Goyon,* garde-
» corps ; *L.-A.* de *Goué;* le colonel de *Mauvillain,*
» chevalier de Saint-Louis ; *C.* de *Catuëlan;* le cheva-
» lier de *la Haye;* le chevalier de *la Barre,* chef de
» division ; *Guerin-Dumartrail* aîné ; le chevalier de
» *la Villegille,* sous-chef d'état-major ; de *Carné,*
» 1ᵉʳ aide-de-camp ; *Nicollon-des-Abbayes; le Maignan,*
» chef de division ; *T.* de *Regnon,* major de la division
» de Vieillevigne ; *D.-A.* des *Baraudières,* officier
» supérieur ; de *Keremard,* commissaire des guerres. »

II. « *Déclaration solennelle et unanime* des chefs,
» officiers et soldats de l'armée catholique et royale
» de la Vendée, contre les calomnies affichées et in-
» sérées dans divers journaux et proclamations, sur
» leurs dispositions à l'égard des puissances alliées.

» Les chefs vendéens ne pouvant contenir leur juste
» indignation, sur les intentions qui leur sont attri-
» buées, de la part de leurs perfides ennemis, de vou-
» loir réunir leur armée sans tache aux phalanges ré-
» belles et parjures, déclarent unanimement que c'est
» une calomnie infâme d'avoir osé dire que tous les
» chefs vendéens offraient de marcher de front avec les
» traîtres qui ont voulu renverser le trône de *Saint*
» *Louis*, contre ces puissances amies et généreuses,
» qui viennent avec tant de magnanimité prêter leurs
» bras pour le rétablir. Si quelques gens égarés ou sé-
» duits avaient pu se laisser surprendre à ce point in-
» concevable, nous ne devrions plus les compter dans
» nos rangs, et nous les désavouerions entièrement.

» Nous en renouvelons ici la déclaration solennelle
» et authentique ; jamais nous n'avons traité avec ces
» ennemis du genre humain, avec ces traîtres envers
» le meilleur des maîtres ; jamais nous n'avons con-
» senti de mettre bas les armes : nous avons tous fait
» serment de défendre, et notre *Religion* et notre *Roi*,
» jusqu'à notre dernier soupir, et de ne jamais nous
» séparer de ses fidèles alliés ; nous saurons le tenir.
» Nous donnons donc le défi à ceux qui n'ont pu vain-
» cre la Vendée, en armant contre elle de nombreux
» bataillons de Français, choisis parmi nos frères, nos
» parens, nos amis, de prouver qu'ils aient pu la séduire
» par leurs caresses perfides et leurs mensonges étudiés.
» Loin que ce traité de Cholet, souscrit par quelques
» officiers, trompés sans doute par des promesses fal-
» lacieuses, soit une preuve contre notre assertion, les
» *protestations* de l'immense majorité des armées royales
» prouvent que les Vendéens sont aujourd'hui sans
» tache, comme ils l'ont toujours été, et comme ils
» le seront toujours du côté de la foi, de l'honneur et
» de la fidélité.

» Au quartier-général de Maisdon, ce 19 juillet 1815.
» Le chevalier de *Saint-Hubert*, général, commandant
» le 2ᵉ corps, dit du *centre*; le comte de *Mornac*, chef
» d'état-major-général, commandant provisoirement
» le 3ᵉ corps. Certifié conforme, le sous-chef d'état-
» major-général du 3ᵉ corps, le chevalier de *la Villegille*.
  » Les deux pièces ci-dessus imprimées ont été par
» moi remises à...., *Auteur* des *Campagnes de* 1815 et de
» celles des *Armées de Condé et de Bourbon*. Paris,
» 5 avril 1816. Le chevalier de *la Villegille.* »

M. de *Saint-Hubert* et ses camarades ont fait ce qu'on attendait d'eux, ce que l'honneur leur prescrivait. Les deux pièces que nous venons de rapporter prouvent que la gloire des premiers chefs de l'Ouest n'efface point celle de leurs successeurs, qui ont partagé leurs infortunes et leurs périls; les plus grands revers ne les firent jamais désespérer du triomphe de l'autel et du trône. *Frotté* avait fait graver sur son épée ces mots : *Dieu protège les Lys;* ce fut le cri de ralliement en 1815. Si on traçait le tableau exact de l'Ouest en 95 et en 96, le lecteur frémirait; j'ai vu ce malheureux pays, à ces deux époques, et à celle qui suivit immédiatement le parricide du 21 janvier 1793.

En 93, 95 et 96, villes, châteaux, fermes, villages, bourgs n'offraient que des cendres. Les moulins étaient détruits; d'étroites cabanes de chaume, élevées précipitamment, ne suffisaient pas pour abriter les femmes, la vieillesse et l'enfance d'une population innombrable et heureuse sous ses Rois. J'ai parcouru cent communes où l'œil effrayé n'apercevait que des orphelins et des veuves dans la plus cruelle indigence. Les commissaires du gouvernement de 93, 95 et 96 ont vu, et de sang-froid, dans d'autres communes, des militaires qui, par une protection spéciale du Ciel, avaient eu le malheur de survivre aux désastres des combats; ces braves trouvaient et leurs vieux auteurs et leurs épouses et leurs enfans égorgés; leurs cadavres étaient épars sur le seuil de leurs maisons détruites, dans les rues, dans les places, dans les fossés et sur le fumier.

Le courage et l'industrie sont une seconde Providence. La patience, qui triomphe des injustices du sort, cette patience, qui est une planche dans le naufrage pour l'homme qui sert la bonne cause, vainquit la mauvaise fortune : elle donna à l'Ouest calomnié la force et les petites ressources pour rebâtir les cabanes, les moulins, les maisons et les fermes. Ce travail immense fut fait en peu de mois avec les débris des châteaux : on éleva sur leurs fondemens des asiles modestes pour ces opulentes et illustres familles qui n'avaient connu l'indigence que pour la secourir : elles n'étaient occupées que du dénuement de leurs concitoyens, familiarisés avec l'infortune, et partageaient avec eux les objets de première nécessité : elles se résignaient avec autant de noblesse que de simplicité, et se consolaient par cette pensée : *La Religion et le Roi triompheront*. Les femmes (on ne leur refusera pas cette gloire pendant le trop long cours de nos dissensions) rivalisaient de courage avec ceux qui portaient les armes : on devait s'attendre que les héroïnes qui, en mille circonstances, bravèrent la mort et affrontèrent tous les genres de supplices, braveraient l'indigence.

Trois ans n'étaient pas encore écoulés depuis la première guerre, que les Vendéens sentirent qu'en faisant tout pour le Roi, leur existence serait toujours précaire, tant qu'ils ne posséderaient pas l'objet de leurs vœux et de leur filiale sollicitude. Les cendres fumaient encore ; des débris de toutes parts semblaient dire : *Voilà où nous ont conduits les factions successives ;* les fils des campagnards morts les armes à la main pouvaient à peine soutenir la fatigue, qu'ils sollicitaient à grands cris l'honneur de défendre l'autel et le trône ; les principes de l'éducation moderne étaient sans effet sur ceux qu'ils tenaient de leurs parens ; les infortunes de leurs proches, les atrocités dont ils avaient été témoins et victimes, contrastaient avec les propagandistes du directoire et des consuls ; tant de souvenirs alimentaient de jeunes cœurs, imbus des principes qui firent si long-tems notre bonheur. Les chefs, qui avaient échappé à la première guerre, et qui avaient juré sur leurs épées de servir de guides et d'exemples à la génération naissante et presqu'orpheline, dirigèrent cet élan; le directoire en fut instruit, et *La Revélière* ne dissimula pas à ses quatre associés que « les » anciens chefs de l'Ouest n'avaient point entièrement » éteint les torches de la discorde; qu'il fallait anéantir » ces factieux, qui tentaient de prouver au monde entier » que la famille expulsée comptait des partisans sur » le sol libre (1). »

Les cinq misérables, qui s'étaient constitués au Luxembourg, décidèrent que tous leurs actes feraient pressentir une nouvelle terreur. Les chefs de l'Ouest jugèrent que la haine et le mépris que le directoire inspirait, n'exigeaient qu'une levée de boucliers pour soulever toute la France contre des êtres aussi vils que ridicules. On envoya dans l'Ouest une nuée d'espions; les royalistes dissimulèrent leurs projets, mais ne laissèrent naître aucun doute sur leurs opinions religieuses et politiques. Empressés de donner l'exemple, les chefs des Vendéens relevèrent les signes de la royauté, et le Boccage fut au comble de l'enthousiasme dès que l'étendard sans tache flotta dans cette contrée. Les officiers qu'on voyait se multiplier tous les jours ne furent pas réduits à faire des recrues; « tant qu'on demandera des » bras dans ce pays pour la bonne cause, dit M. de » *Foulaines*, il sera inutile d'inspirer le zèle : il ne s'a- » gira que d'en tempérer les effets. »

L'abbé *Duchaffault* a publié (2) 7 pages *in-8°* qui ont fait naître des *in-4°* très-volumineux; heureusement ils n'ont pas été livrés à l'impression; tout le soporatif du commentaire n'ôte rien au mérite de l'opuscule commenté; il a pour titre : *Supplément à l'Oraison funèbre du marquis de la Rochejaquelein, en ré-*

______

(1) *Voyez* l'ouvrage du chevalier *J. de Peyrihen-Kerval*, intitulé : *De la Tactique des Jacobins et des Buonapartistes, pour écarter les Royalistes des emplois;* cité p. 9 de l'opuscule de *G. Danli-de-Villeneuve*, ayant pour titre : *Du Maintien de l'Ordre en France.*

(2) *Paris*, imprim.-lib. de *J. G. Dentu*, rue du Pont-de-Lodi, n° 3. — 1816.

ponse à quelques mécontens, amis et partisans de MM. de *Suzannet* et d'*Autichamp*.

Il était réservé à un prêtre, l'exemple des mœurs et la consolation de l'Eglise gallicane, à un chevalier de Saint-Louis, de faire l'oraison funèbre du marquis de *la Rochejaquelein*. La dette de la patrie pouvait-elle être acquittée par un vieillard plus vénérable et plus attaché à la brave et vertueuse famille, qui ne peut adoucir une partie de ses trop justes regrets que par l'idée que le Ciel conservera les dignes héritiers d'un nom si cher à nos Bourbons et à la France?

M. *Miaulin* a dit ce qu'il ne savait pas, en imprimant que « le prêtre *Duchaffault* n'avait été chargé de » l'oraison funèbre ni par les parens, ni par les amis, » ni par les prôneurs du guerrier dont on ne remue les » cendres que pour calomnier MM. d'*Andigné*, de » *Suzannet*, C. d'*Autichamp*, de *la Villegille*, de *Malartic* » et *Pion-Noirie*. » L'abbé *Duchaffault* s'est renfermé dans son noble sujet; il l'a traité avec une réserve dont M. *Gytems* ne lui tient pas compte, mais dont le public lui sait gré. L'abbé ne crut pas devoir faire l'éloge des généraux vendéens; ce n'était pas à un ecclésiastique à louer leur vertu militaire. Mais dès que M. *Gytems* a le front d'attribuer à *un sentiment* qui ne peut entrer dans l'ame d'un *Duchaffault* les réticences qui mécontentent les amphytrions du folliculaire, on va dire la vérité tout entière et aux protecteurs et au protégé. Le brave maréchal-de-champ *Dupérat* a la preuve que l'abbé *Duchaffault* a été conjuré de faire l'oraison funèbre, et que sa modestie a lutté contre les instances des guerriers, intéressés à la gloire de leur général. L'attachement et la vénération du respectable abbé pour une famille dévouée et vertueuse lui ont imposé un pénible devoir; qui pouvait s'en acquitter mieux que lui?

J'ai su, ainsi que l'abbé, ce qui s'est dit et fait à Beaupréau, tant que Mgr. le duc de *Bourbon* y est resté. Alors toute la Vendée pouvait et voulait, comme en 1793, se couvrir de gloire. Des généraux n'ont point compris ou n'ont pas voulu comprendre

que les Vendéens, fiers et heureux de voir un Prince
du sang à leur tête, se seraient montrés dignes d'eux.
Ils ont eu l'inconséquence de lever des doutes sur
l'énergie d'hommes qui ne désespérèrent pas, pendant
plus de vingt ans, que tout sembla désespéré. Ces heureux généraux ont fait valoir le prétendu *défaut de
ressources pour l'armement;* ils ont été plus loin : ils ont
fait dire, par un homme sans aveu, « qu'on ne pou-
» vait compter sur les Vendéens pour embaucher
» dans les intérêts du Roi un grand nombre d'hommes
» qui, découragés, sans guides, puis entraînés par
» l'ascendant des chefs subalternes, se rangèrent du
» côté du plus fort, qui les attirait, en leur montrant
» les *Bourbons* prêts à être abandonnés par de fidèles
» serviteurs non récompensés (1). »

Un ancien militaire, qui a toujours été dans le
pays, qu'on voudrait méconnaître; un homme qui sert
Dieu comme il servit le Roi, un homme qui a vu tout
ce qui s'est passé dans la Vendée en 1815, et qui a
pu en juger, est une autorité plus imposante qu'un
procureur qui ne combattit qu'à coups de plume.

L'abbé *Duchaffault* a dit que « le marquis de *la
» Rochejaquelein* s'était couvert de gloire par plusieurs
» victoires signalées ». Le panégyriste n'a articulé que
la vérité, mais, par égard, il n'a pas révélé toute la
vérité, parce qu'un orateur, et sur-tout un orateur
chrétien, n'est pas, comme l'historien, tenu de tout
dire. M. de *Foulaine* n'usera pas de la même discrétion.

Il déclarera que M. de *la Rochejaquelein a seul rem-
porté des victoires, et qu'elles auraient été plus multipliées et
plus éclatantes si M. d'Autichamp l'eût secondé et soutenu.*

Pouvait-on mettre plus de ménagement que l'orateur, lorsqu'il a été forcé de parler de la cruelle et
dernière position de son Héros? pouvait-il faire allu-
sion à son sublime dévoûment, aux secours qu'il avait

---

(1) Terrier, *de l'Institution du Champ-de-Mai,* p. 19. Voyez
1° les *Notes* du chevalier de *Kerval sur les Mémoires de MM. de
Malartic, d'Autichamp, d'Andigné, etc.,* p. 6; 2° G. *Danti-
de-Villeneuve, du Maintien de l'Ordre en France,* p. 11.

droit d'attendre, et qu'il ne reçut point, sans laisser à penser sur les auteurs d'un si étrange isolement, au milieu de toutes les ressources offertes par l'esprit de religion, par la valeur et par le plus sincère royalisme?

Que ceux qui déclament contre un Mémoire qu'ils n'ont pas lu, contre la prétendue animosité d'un général, qui fournira d'éloquentes pages à l'Historien des *Campagnes de 1815*; que ceux qui criaient à l'*indiscrétion*, lorsque M. de *Foulaines* démasqua *Massena*, et qui s'inscrivent tout bas en faux contre les faits, signent qu'ils nient l'authencité de la lettre suivante:

« Mon cher général, le grand œuvre d'iniquité est
» consommé : tous nos chefs se retirent. J'ai la lettre
» que vous écrit *Suzannet* et l'*arrêté de ces Messieurs*. Je
» ne vous envoie pas ces pièces de peur qu'elles ne se
» perdent. Revenez près de nous; nous nous consul-
» terons ensemble sur le parti que nous avons à pren-
» dre pour parer aux inconvéniens de cette infâme
» désertion. Il faudra bien que nous fassions à nous
» seuls, puisqu'on ne veut coopérer. Tout à vous d'a-
» mitié à la mort et à la vie.

« CANUEL. »

Cette lettre fut trouvée sur M. de *la Rochejaquelein* lorsqu'il reçut le coup mortel. MM. d'*Andigné*, d'*Autichamp*, de *Malartic*, se gardèrent bien de l'attribuer à l'écrivain auquel on vient de donner une *leçon touchante*, lorsqu'elle fut rapportée dans le n° du 13 juin 1815 du *Journal* dit *de l'Empire*. Ici se place la réflexion de M. *Vauquier*: « M. de *Malartic*, forcé dans son der-
» nier retranchement par un brave, s'est dit : *Mon an-*
» *tagoniste a la copie de mon mémoire confidentiel; il l'a*
» *pulvérisé : je ne puis me justifier qu'en accusant ceux qui*
» *ne refusèrent jamais de m'obéir; la lettre de Canuel est*
» *un coup de massue qui nous laisse notre fortune et nos*
» *dignités, mais qui ne nous permettra jamais de marcher*
» *têtes levées; multiplions les lettres anonymes, et attri-*
» *buons-les à celui qu'elles calomnient, et appelons* duel *un*
» *guet-à-pens.* »

M. de *Kerval* s'appuie, avec raison, sur l'abbé

Duchaffault, dont nous transcrirons la *note* suivante, consignée p. 6 de l'opuscule que nous avons cité p. 9 :
« Le marquis de *La Rochejaquelein* a été tué le 4 juin ;
» le licenciement de ces *Messsieurs* a eu lieu le
» 1er juin, et leur arrêté, *signé d'Autichamp et Suzannet*,
» a été envoyé la veille du 31 mai au marquis de
» *La Rochejaquelein*. Le comte *Gabriel Duchaffault*, sur
» les ordres de ce dernier, qui le nommait comman-
» dant en remplacement de M. de *Suzannet*, et qu'il
» reçut le 3 juin au soir, partit de suite avec ce qu'il
» put rassembler d'hommes, et il n'était plus qu'à deux
» lieues de lui au moment où il fut tué. Depuis, il n'a
» plus voulu servir sous les ordres de M. de *Suzannet*;
» et ses raisons étaient tellement fortes, que j'ai été le
» premier à l'y engager. Le vieux Comte DUCHAFFAULT,
» chevalier de Saint-Louis, prêtre et desservant la
» Guionière, dans la Vendée, canton de Montaigu. »
   Que ceux qui accusent l'abbé *Duchaffault* et d'autres
écrivains de n'avoir pas ménagé les généraux qui ont
empêché la jonction de l'Ouest avec le Midi, ré-
futent les faits avérés du *Mémoire justificatif*, adressé
à S. M. par le général *Lamarque*. On doit sans doute
des égards à des hommes qui se sont bien montrés,
avant 1815, mais on compromettrait la réputation
méritée d'un Personnage auguste, si on passait con-
damnation sur les secours et les fonds versés que M. de
La Rochejaquelein attendait, et qu'il ne reçut point.
Le général a été lâchement abandonné; c'est une vérité
que l'abbé *Duchaffault* a publiée le 19 avril dernier (1).
Cet ecclésiastique a d'abord craint de signaler les cou-
pables ou les *incapables*; mais lorsqu'il a vu que pour
les menus plaisirs de trois dignitaires, qui ont fait le
mal, en ne faisant pas le bien, lorsque le succès dé-
pendait de la manière dont ils seconderaient un Prince
du sang et M. de *la Rochejaquelein*, le bon Français,
accoutumé à ne voir que le Roi et la Patrie, n'a plus
usé de réticences, et sa brusque franchise a préparé
les esprits à recevoir tous les traits réunis de lumière

____

(1) V. l'ouvrage cité p. 9, et *la Lanterne Magique de* 1815, p. 32.

qui ne se trouvent que dans l'ouvrage (1) du général comte d'*Ambrugeac*.

Les *Gytems*, les *Bresson* et compagnie, entrepreneurs en littérature politico-diplomatique, ont cru nous expliquer les causes de la non jonction de l'Ouest avec le Midi, en faisant une longue apologie du maréchal *Masséna*, et une dissertation absurde sur le général *Ernouf*, qu'ils confondent tantôt avec le comte de *Meulan*, auquel il ressemble beaucoup par les lumières et le plus pur royalisme, et tantôt avec MM. de *la Tour-Maubourg* et *Sébastiani*. Ces deux derniers n'ont pu sérieusement songer à se mettre, même à une énorme distance, des royalistes. MM. *Ernouf* et de *Meulan* ne peuvent avoir rien de commun avec le trop fameux *la Tour-Maubourg*, et encore moins avec le Corse. *Sébastiani* promit à *Excelmans* « qu'il assurerait tout le » département de la Somme au héros conquérant tous » les cœurs, depuis Juan jusqu'à Paris (2). »

Toutes les impertinences, débitées par les *Gytems* et *Bresson*, contre le général *Ernouf* et le baron de *Jessé*, sont réfutées dans un ouvrage (3) qui offre l'hommage

(1) *Mémoire relatif à l'armée royale du Maine, ou de la Sarte, et pays adjacens, en* 1815; *avec des Observations générales sur les négociations entamées par Buonaparte, sur les deux rives de la Loire, aussitôt que l'appel aux armes y fut fait, au nom du Roi.* Cette brochure, de 132 pages *in-8°*, se compose 1° d'un *Avertissement* relatif aux *campagnes* de 1815; 2° d'une *Lettre au Roi*; 3° d'une *Introduction*; 4° d'*Observations sur la relation de M. de Malartic.* Ces quatre parties, en 39 pages, précèdent, depuis le 8 du courant, les 93 du Mémoire imprimé antérieurement. Le tout sort des presses de le Normant.

(2) *Voy*. J. Darcet, *Supplément aux articles de M. Dupont-Constant, consignés dans les* n°s. 234 *et* 235 *du* Fidèle Ami du Roi. relatifs à la *brochure de* M. Rollac.

(3) CAMPAGNES DE 1815, ou les BOURBONS, les *Maisons militaires* du ROI et de MONSIEUR, les *Volontaires royaux* de *Paris*, du *Midi*, de la *Bretagne*, de la *Comté*, du *Maine*, de la *Vendée* et de la *Normandie*; avec cette épigraphe de *Servan* :

« Si les factieux nous forçaient de céder à l'esprit de vertige, né de leur » haine contre notre *Religion*, notre *Prince* et notre *Pays*, la *Maison* mili- » taire du *Monarque*, la *Capitale*, le *Midi*, la *Bretagne*, la *Comté*, le » *Maine*, le *Poitou* et la *Normandie* écriraient de leur sang, sur leurs dra- » peaux : DIEU, ROI, PATRIE. »

Cet ouvrage, *publié par souscription*, est précédé par les *Cam-*

le plus pompeux et le plus mérité de MM. de *Cazes*, de *Meulan*, d'*Ecquevilly*, R. de *Bernis*, de *Saint-Priest*, *Linck*, d'*Ecars*, de *Puységur*, de *Sérent* et de *Montcalm*.

Lorsque l'auteur des *Campagnes de* 1815 s'est fait l'écho du public, dans sa note détaillée sur le comte de *Meulan* (1), l'historien, qui ne peut peindre qu'à grands traits, n'a pu mésallier sa plume par la réfutation en règle d'inepties, dont les méprisables auteurs ont eu la prudence de renvoyer tous les exemplaires dans l'Anjou, à Tours et à Lille.

La meilleure satire d'un mauvais tableau est de le mettre au grand jour. Copions les nouveaux convertis *Gytems* et *Bresson* :

« M. de *Meulan*, qui dédaigne aujourd'hui ceux
» qui ont écouté le cri de leur conscience, en ne pro—
» voquant pas une guerre civile, fut supplier *Davoust-*
» *Ekmuhl* de lui faire accorder par l'*empereur* le com—
» mandement en chef de l'école militaire de la Flèche.
» Tandis qu'il se découvrait au ministre de la guerre
» du revenant, il offrait aux agens du Roi, à Paris,
» d'organiser l'Anjou, et de se joindre aux deux
» *la Rochejaquelein*, à MM. de *Malartic*, de *Caradeuc*,
» B. de *S. Gilles*, L. et *A. Dubot*, d'*Andigné*, de *Suzan—*
» *net*, d'*Autichamp*, de *Kersabiec*, d'*Ambrugeac*, de
» *Sol-Grizolles*, du *Péral*, d'*Aumont* et de *la Villegille*,
» pour l'insurrection de la Bretagne, de la Normandie,
» du Maine, de l'Anjou et de la Vendée (2). »

Place pour les faits ; nous les transcrivons dans le *Varia Variorum*, dont l'auteur a daigné nous communiquer un cahier ; ces faits lui ont été transmis, le 28 juillet 1815, par le marquis d'*Alesme* (3), et confirmés à M. de *Villeneuve* par les chevaliers de *Vassal-Montriel*, de *Sérillon*, de *Rozeville*, *Challan*, de *Sautereau*, *le Meneust-de-Boisjouant* et de *Mussan* ; par le marquis de

----

pagnes des Armées de Condé et de Bourbon ; il se trouve chez l'*Auteur*, rue du Bac, n° 106, à Paris.

(1) Chef de la 1re division au ministère de la guerre.

(2) *Lettre à G. Danti-de-Villeneuve, sur la sainte Litanie des Chevaliers de l'Eteignoir*, p. 18 et 19.

(3) *Voyez* la note de la page 19.

l'Estang ; par les comtes *H. de Valori*, de *Chambrum*, de *Corsac*, *H.* de *Lannoy*, de *Gain-Linars*, de *Servières-du-Teillot*, *Huc-de-Blagny*, de *Choiseul-Beaupré*, de *Botherel-Moron ;* par les vicomtes de *Cailus* et de *Léomont ;* par les barons de *Requefeuil-d'Amber*, de *Dambach* et de *Vassault-Parfondru ;* par le *Blondel* Français *Guélon-Marc ;* par *L.-M. Patris-Debreuil*, auteur de l'excellent *Éloge de Louis XVIII*, et par plusieurs écrivains distingués, entr'autres, MM. *Denain*, *Vauquier*, de *Frémayel*, de *Greyneydan*, de *Bonath*, *J. Darcel*, de *Kerval*, *Boulage* et *Vulpict*, qui n'ont consacré leurs plumes qu'au triomphe de la vérité et à la gloire des fidèles défenseurs du Roi:

Extrait du *Varia Variorum*.

Le 23 mars 1815, le comte de *Meulan* reçut, à 7 heures du matin, de *Davoust-Ekmuhl*, ministre de la guerre, l'ordre de prendre, au nom de l'intrus, le commandement en chef de l'Ecole militaire de la Flèche. Délibérer sur une bonne action, c'est être indigne de la faire ; il répond par le même courrier, en donnant une démission dans les termes les plus énergiques. Peu de jours avant, il avait dû commander le 1er corps de l'avant-garde du duc de *Bourbon.*

M. de *Meulan* s'embarqua à Honfleur avec sept jeunes et intrépides officiers de la maison du Roi, cinq matelots et son domestique. Le crime veille toujours ; le diacre *Desmarets* avait trois mouches à Honfleur ; M. de *Meulan* est dénoncé ; une péniche, montée par cinquante sbires, sort du Hâvre, les atteint à 6 heures du matin, les prend à l'abordage, après plusieurs coups de canon, et les conduit au Hâvre.

On incarcéra les jeunes gens. M. de *Meulan* fut l'objet d'une barbare et honorable exception ; on le précipita dans un cachot où l'air ne pénétrait pas. Ses compagnons d'infortune étaient réunis ; on les traitait avec beaucoup moins de rigueur.

Les vipères dont *Fouché*, *Bourguignon*, *Dubois*, *Veyrat* et *Savary* avaient empoisonné toutes les issues de la police, voyaient dans M. *Meulan* un chef de conspiration. Pour l'effrayer et non pour le disposer à se tenir sur ses gardes, on le prévint, avec les formes aimables des guichetiers, et la nuit même de son installation dans un cachot humide, « qu'il eût à » se tenir prêt à subir un long interrogatoire. »

Les inquisiteurs craignirent de se compromettre, en tendant un piège à un homme éclairé, incapable de respect humain et de capituler avec sa conscience : l'interrogatoire n'eut pas lieu ; mais le brave militaire, le sujet fidèle, le bon époux, l'ami serviable végéta 8 jours dans l'hécatombe, sans pouvoir obtenir du général commandant la place une prison plus convenable à son grade.

Le général reçut des reproches ; M. *Vulpiel*, qui, pendant toute la révolution, s'est chargé du rôle dangereux de patron de tous les infortunés ; M. *Vulpiel*, qui osa imprimer contre le despotisme de M. de *M....–F....*, reprocha publiquement à ce proconsul très-actif les procédés atroces dont on usait avec un officier, recommandable sous tous les rapports, et dont le stoïque attachement au Roi devait être un titre de recommandation aux yeux de deux individus comblés des bienfaits du monarque. La gratitude n'est pas la vertu des lâches, trop poltrons pour servir dans les armées, et assez avares pour s'entasser dans les antichambres. En vain M. *Vulpiel*, qui ne connaissait M. de *Meulan* que de réputation, fit-il valoir trois rapports des chirurgiens, portant que la vie de ce loyal chevalier était en danger, puisque trois de ses anciennes blessures s'étaient rouvertes et lui faisaient éprouver les douleurs les plus vives.

M. de M...–F..., qui en 89 se disait seigneur-suzerain de toutes les têtes couronnées, avait mal noté la ville de Rouen, qui, pendant nos plus affreux désastres, servit d'asile aux royalistes ; il marqua à son très-digne ami *Pommereul* : « Je » suis décidé à réunir tous les *Bourbonistes*, toutes les gana- » ches dans un seul point ; si on dissémine la peste, le mal sera » partout ; c'est à Rouen que je tiendrai toutes mes bêtes ac- » couplées. Les otages de *Louis XVI* ont formé une associa- » tion dans cette province ; leur colonel-général est la petite » *Cauvigny–Radulphe* ; je tiens le fil de toute la trame ; » j'ai ordonné qu'on transférât *Meulan* du Hâvre à Rouen ; » c'est lui qui fait agir toutes les marionnettes. Les nouvelles du » Limousin ne sont pas rassurantes ; *Auguste* de *Cardaillac* tra- » vaille l'opinion à Limoges, et il fera plus de partisans si on » lui laisse la faculté de se rendre près son père dans le Lot, au » château de la Treyne ; toute la famille est fanatisée de roya- » lisme et de dévotion. »

La démagogique sollicitude de M. de M...–F... s'étendait bien au-delà des départemens mis sous sa férule, ce qui l'empêcha de voir en détail ce qui se passait plus près de lui. M. de *Meulan* est transféré à Rouen. Le Hâvre, dont l'opinion était énergiquement prononcée pour le Roi, avait résolu, avant cette translation, de rompre les fers d'un officier qui ne murmura jamais, et qui se contentait de dire : « Un homme de » plus ou de moins n'est rien ; que le Roi remonte sur le » trône, qu'il jette un regard sur ma famille, et je quitterai » la vie avec honneur et de sang-froid. »

Arrivé à Rouen, M. de *Meulan* fut conduit à la maison d'arrêt de Saint-Lô ; il eut la consolation de s'y voir réuni à

R. F.

ses compagnons d'infortune, qui eurent pour lui tous les procédés que commandaient les sentimens qu'il inspire à tant de titres. Les autorités civiles le traitèrent avec assez d'égards, mais sans faire attention que sa démission avait été donnée en règle le 23 mars ; les autorités militaires, au contraire, voulaient faire un exemple, et le traduire devant un conseil de guerre.

La bataille de Waterloo le sauva et le mit en liberté, le 8 juillet (après six semaines de prison). Il eut la jouissance de retrouver une compagne (qu'on semble avoir prise pour modèle dans l'opuscule publié le même jour pour la défense d'un sexe qui n'est méconnu que par les hommes sans mœurs) et le baron de *Montullé*, son oncle, qui, plus heureux que lui, n'avait pas quitté le Roi.

Il faut espérer que *Gytems* et *Bresson* renonceront aux rôles d'historiens, et reprendront leurs emplois primitifs, ceux de chansonniers de tabagies ; si cependant ils renonçaient à *Clio*, pour célébrer les *Vénus* de la Halle, ils seraient mal accueillis ; elles n'ont point oublié les grossières injures que ces deux épais folliculaires débitèrent contre toute la population de Paris, et spécialement contre les femmes qui se pressèrent, le 8 juillet 1815, sur les pas de S. M.

Transcrivons la fin de l'opuscule improvisé par M. de *Fontaines :*

De tous les hommes, le Français est celui qui se présentait le premier dans l'école des Grâces. Il composait son éducation et ses mœurs le modèle devant les yeux ; assez ordinairement, on ne prend que les défauts de son maître ; l'équitable nature, qui donna aux femmes les grâces et la beauté, plaça le caprice vis-à-vis pour tempérer leur éternel ascendant.

Les femmes, qui prennent pour modèles celles chantées par *Legouvé* et celles qui embellirent le cortège du Roi, forment une honorable exception ; ce n'est pas elles qui ont fait dire que *nous n'étions pas assez hommes* et *les femmes assez femmes.* La réforme des mœurs est possible. De qui dépend-elle ? *des femmes ;* époux et père, qu'on ne croie pas que je quitte le rôle d'observateur pour emprunter celui d'un *Lovelace.*

Que *Gytems* et *Bresson* méditent sur toutes les nations chez lesquelles les femmes ne s'éloignent pas de la modestie de leur sexe ; qu'ils s'attachent à l'ordre des tems, et ils diront que partout elles donnent le ton aux mœurs par l'impérieux ascendant que leurs charmes exercent sur notre faiblesse. Qu'au lieu des adulations qu'on leur prodigue, qu'une femme qui a connu le monde leur fasse sentir, dès l'enfance, qu'il est honteux d'abuser du pouvoir qu'elles ont sur nos cœurs ; qu'elles peuvent et doivent coopérer au bien de la société protectrice de la faiblesse, en usant de ce pouvoir avec circonspection et dans les circonstances étrangères à ces intrigues dont on meuble leurs têtes ; qu'on leur donne les connaissances nécessaires pour juger sainement ; qu'on leur dise que tout homme qui ne peut ou ne veut pas être leur mari, cherche à les tromper ; qu'elles doivent se méfier des adulateurs ; qu'on ne couronne la victime qu'au moment où on l'immole ; que cette circonspection avec les hommes doit les rendre plus affectueuses avec celui qui les élève à la dignité d'épouse et de mère ; que le célibat, cette mort anticipée, ne convient qu'aux égoïstes, ou aux ames privilégiées qui obéissent à leur vocation.

N'étouffez pas leurs dispositions, pour ne les fatiguer que par des bagatelles ; que leur éducation soit plus soutenue, plus mâle : elles dédaigneront la frivolité ; qu'on ne leur inspire que des idées capables de commander le respect, qu'elles n'obtiendront que par leurs mœurs ; que l'exemple d'une *Ville-lume* (1) et *des Otages de Louis XVI, Dubreuil-Helyère*, de *Fare*, de *Villepatour*, de *Trolong-du-Rumain*, de *la Châtre Serignac*, de *la Mothe-Montfort*, de *Cardaillac*, *A. de Lhoste* et de *Regnauld-de-Bissy*, et leur apologie dans nos chastes hymnes élèvent leurs sentimens ; qu'on les habitue à exiger de nous, non l'avantage unique de l'extérieur, mais le mérite des talens utiles ; qu'elles promettent un regard à la loyauté, à la bravoure, au génie, et à l'amour pour son Roi : le pays qui vit naître *Bayard, La Fontaine, Racine, Tourville, Delille-Virgile, Catinat, Bossuet, Luxembourg, Fénélon, Pascal, Broglie, Montesquieu* et *Condé*, produira leurs imitateurs ; qu'elles soient tout et uniquement ce qu'elles doivent être, et les mœurs seront redevables de leur amélioration au sexe aimant et aimé, auquel nous devons le jour, un lait nourricier, la première éducation, le charme dans les entretiens, la palme des sciences, des arts et de la valeur, les soins dans les maladies, et un langage consolateur, au moment où nous quittons le monde créé par DIEU, fécondé par l'agriculture, enrichi par le commerce, vivifié par les arts, consolé par les lettres, embelli par la femme, et heureux par les Bourbons (2).

Note corrélative à la fin de la 4e ligne du 4e alinéa de la page 15.

Le marquis d'*Alesme*, otage, ancien chef de bataillon dans l'armée royale du Midi, sous les ordres du brave *Dupont-Constant*, fit offrir à S. M., pendant qu'elle était à Gand, de commander l'insurrection de la capitale ; il devait être secondé par M. du *Bruel*, auquel on a consacré une note honorable dans *les Campagnes de* 1815. M. d'*Alesme* chargea de cette offre M. de *Cosson de Villenoisy*, du 2e de la garde. Ce jeune et courageux officier franchit cinq fois les frontières pour le service du Roi ; il est le digne frère de l'officier du 62e, qui resta seul fidèle à la Fille de Louis XVI, lorque l'Héroïne de Bordeaux

(1) Née de *Sombreuil*.
(2) P. 14, 15 et 16. Seize p. in-8°, impr. de *J.-M. Eberhart*.

developpa, en avril, aux casernes de cette cité, le caractère qui fit fléchir le genoux aux braves Hongrois, à l'aspect de son aïeule, bravant la trahison et parcourant les rangs, son fils dans ses bras et l'arme au poing.

M. de *Villenoisy* servait d'estaffette (de Gand à Paris) au comité royal, organisé dans la capitale par ordre du comte de *la Porterie*, commissaire général à Mons.

Ce comité était composé de Mme *Audiffré*, de l'abbé de *Cyran*, de MM. *Lavillette*, ancien chef de brigade de la garde nationale parisienne ; de *Livois*, *Fouquet*, juge à la cour royale ; *Herrail*, manufacturier ; des comtes de *S. Simon* et de *Pressac*, et des marquis de *Villeneuve-Arisat* et d'*Alesme*. Que peut le zèle éclairé contre une masse énorme gangrenée, s'il n'est pas secondé par des hommes qui réunissent les mêmes qualités ? Les royalistes que nous venons de citer devaient trouver ou trouvèrent des coopérateurs dans la marquise de *Rouvroy*, belle-sœur du comte *Anglès*, dans M. *Bayard de Plainville* et dans le marquis de *Ravenel*, qui ne durent la vie qu'aux suites nécessaires de la bataille de Waterloo, puisqu'après avoir subi un jugement de peine capitale, ils ne furent mis en liberté que le 28 juin 1815.

On a reproché à l'auteur de l'ouvrage que nous venons de citer « de se livrer à trop de digressions, de s'occuper trop des » personnes et trop peu des choses, et de remonter aux pre- » mières époques de la révolution, tandis qu'il ne devait pas » sortir du cercle étroit des honorables tentatives de 1815 ; qu'il » fallait voir tout le royaume à cette époque, et non un canton » de l'Aveyron, aux époques désastreuses du maratisme (1). »

Lorsque le ciel nous rend les *Bourbons*, pourquoi ne signa-lerait-on pas au public les hommes qui ont des droits à son estime ? Est-ce une faute de fixer les regards sur une assemblée primaire entière, dont l'exemple, s'il eût été imité, aurait eu des imitateurs dans les départemens qui n'attendaient que l'occasion de s'insurger ? Après avoir effrayé par l'image du crime, n'a-t-il pas été permis de reposer ses yeux sur les actes géné-reux ? Était-il hors d'œuvre de citer ce *Charles du Bruel* (de l'Aveyron), ancien capitaine d'artillerie, qui, le 21 juillet 1793, vint à la barre de la Convention, lui déclarer, au nom de l'As-semblée primaire de Rignac, qu'elle avait perdu sa confiance en se laissant influencer par les factieux ? M. *du Bruel* termina une pétition qui sera en lettres d'or dans nos annales, par la demande formelle du rapport de toutes les lois révolutionnaires contre le clergé et contre la noblesse.

(1) Ransemon-Laroche, *Revue des Beaux Esprits du jour*, p. 14.

R.-P. VITTERY-NAGONE

30 juillet 1816.

DE L'IMPRIMERIE DE PILLET, RUE CHRISTINE, N° 5.

www.ingramcontent.com/pod-product-compliance
Lightning Source LLC
Chambersburg PA
CBHW060049090726
47597CB00012B/3520